Boeing F/A-18E Super Hornet • Adrian Wolnicki, Sebastian Piechowiak
First edition • LUBLIN 2020

Photo credits/zdjęcia: **Adrian Wolnicki, Sebastian Piechowiak**
Cover/okładka: **Marcin Górecki**
Colour profiles/sylwetki barwne: **Marcin Górecki**
DTP: **KAGERO STUDIO**
Translation/tłumaczenie: **Stanisław Powała-Niedźwiecki**
Proof-reading/korekta: **Stanisław Powała-Niedźwiecki**
Polish proof-reading/korekta polska: **Stanisław Powała-Niedźwiecki**

ISBN: 978-83-66673-13-7

Printed in Poland

★ Masking foil/Folia maskująca

Other books in this series:/
Pozostałe książki z tej serii:

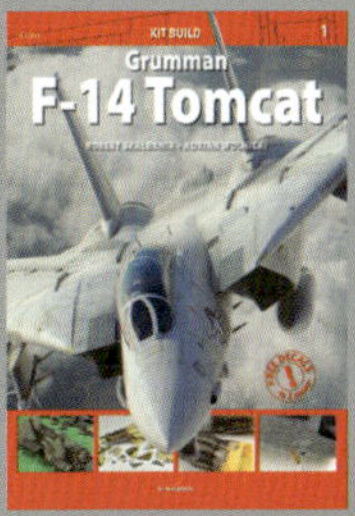

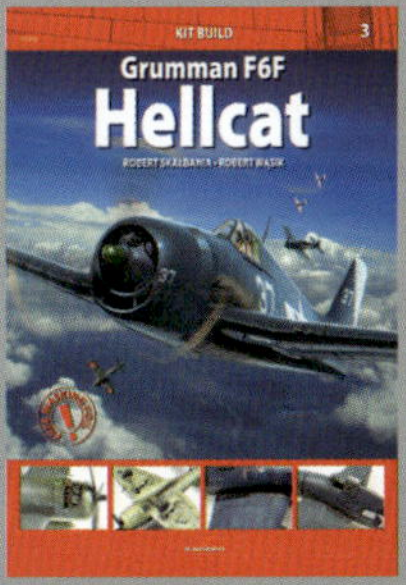

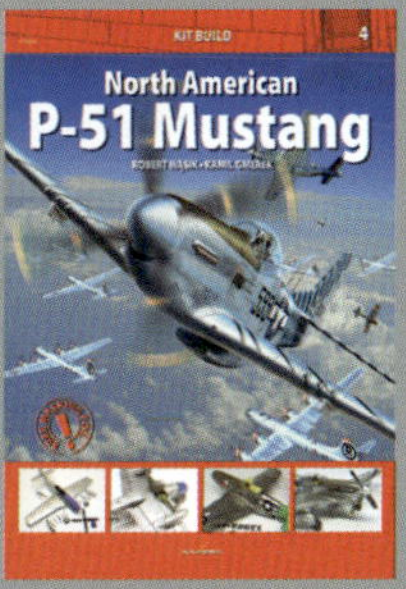

KAGERO Publishing • e-mail: kagero@kagero.pl, marketing@kagero.pl
Editorial office, Marketing, Distribution: KAGERO Publishing,
Akacjowa 100, os. Borek – Turka, 20-258 Lublin 62, Poland, phone/fax +4881 501 21 05

www.kagero.pl • shop.kagero.pl

Bombing Felix

Adrian „Giuseppe" Wolnicki

107
AJ
VFA-31
TOMCATTERS

The F/A-18 *Super Hornet* is currently the US Navy's primary deck aircraft. The machine is available in three versions: as a single-seat multi-role F/A-18 E, two-seat F/A-18 F and two-seat electronic warfare plane E/A-18 G *Growler*.

I've decided to recreate a 1/72 scale miniature of the F/A-18 E single-seat from the Academy kit, catalogue number 12565.

It will be a machine from the VFA-31 "Tomcaters" squadron (one of the oldest USN squadrons), 8th Air Wing CVW-8, based in 2017 on the USS "George H.W. Bush" (CVN-77). In order to recreate the mentioned plane, I've had to replace the set markings with a Furball decal set. Here I would like to thank my friend Radek "Ice" Pietrys for donating the furballs. From the Academy set, I've used only maintenance inscriptions.

The starting set is also poor in armament, so I've decided to enrich it a bit. In addition, the plane has a lot of combat mission markings, so I've added GBU-10, GBU-12 and GBU-31 bombs from the Hasegawa kit (again thanks to Radek).

In addition, I've used a set of Eduard PE parts (73640), photo-etched mirrors of the same producer (72402), a resin seat by Quickboost (72547), resin nozzles by Aires (7327), basically only afterburner chambers, and a set of masks by New Wear Masks (NWAM 0210).

The construction of the model itself went smoothly and without any problems, only the air intakes to the engines required filling and grinding, but this is the case of most models of modern jets. Also, remember to stick the antenna behind the front undercarriage wheel, which was forgotten in the manual. As the assembly was not complicated, I've mainly focused on painting in this article.

As a huge fan of the US Navy, I can honestly recommend the *Super Hornet* model from the Academy. Even a novice can

F/A-18 *Super Hornet* to obecnie podstawowy samolot pokładowy US Navy. Maszyna występuje w trzech wersjach: jako jednomiejscowy wielozadaniowy F/A-18 E, dwumiejscowy F/A-18 F oraz dwumiejscowy samolot walki elektronicznej E/A-18 G *Growler*.

Postanowiłem odtworzyć miniaturę jednomiejscowego F/A-18 E w skali 1/72 z zestawu Academy o numerze katalogowym 12565.

Będzie to maszyna z dywizjonu VFA-31 „Tomcaters" (jednego z najstarszych dywizjonów USN) 8 Skrzydła Lotniczego CVW-8, bazującego w 2017 roku na lotniskowcu USS „George H.W. Bush" (CVN-77). Aby odtworzyć wspomniany samolot, musiałem wymienić zestawowe oznaczenia na zestaw kalkomanii firmy Furball. W tym miejscu chciałem podziękować mojemu przyjacielowi Radkowi „Ice'owi" Pietrysowi za podarowanie furballi. Z zestawu Academy wykorzystałem tylko napisy eksploatacyjne.

Zestaw wyjściowy jest również ubogi w uzbrojenie, dlatego postanowiłem je nieco podrasować. Ponadto samolot posiada sporo oznaczeń misji bojowych, w związku z czym dołożyłem bomby GBU-10, GBU-12 oraz GBU-31 z zestawu Hasegawy (tutaj znowu podziękowania dla Radka).

Z dodatków wykorzystałem jeszcze zestaw blaszek firmy Eduard (73640), lusterka fototrawione tej samej firmy (72402), żywiczny fotel firmy Quickboost (72547), żywiczne dysze firmy Aires (7327), a w zasadzie tylko komory dopalaczy, oraz zestaw masek firmy New Wear Masks (NWAM 0210).

Sama budowa modelu przebiegała sprawnie i bez problemów, jedynie wloty powietrza do silników wymagają szpachlowania i szlifowania, ale jest to przypadłość większości modeli współczesnych samolotów odrzutowych. Należy też pamiętać o przyklejeniu anteny za przednim kołem

handle the construction, and an experienced modeller will surely make a beautiful miniature of an airplane, which is a symbol of the current US deck aviation.

podwozia, o której zapomniano w instrukcji. Ponieważ montaż nie był skomplikowany, w artykule skupiłem się przede wszystkim na malowaniu.

Jako wielki fan US Navy mogę szczerze polecić model *Super Horneta* z Academy. Z budową poradzi sobie nawet początkujący modelarz, a doświadczony na pewno zrobi z niego piękną miniaturę samolotu, który jest symbolem obecnego lotnictwa pokładowego Stanów Zjednoczonych.

Used sets/wykorzystane zestawy:	
- F/A-18 E, scale/skala 1/72, Academy catalogue no./nr kat. 12565,	
- PE parts/elementy fototrawione Eduard catalogue no./nr kat. 73640,	
- Mirrors/lusterka Eduard catalogue no./nr kat. 72402,	
- Resin seat/żywiczny fotel Quickboost catalogue no./nr kat. 72547,	
- Resin nozzles/żywiczne dysze Aires catalogue no./nr kat. 7327,	
- Masks/maski New Wear Masks catalogue no./nr kat. NWAM 0210.	
Used paints and other chemicals/wykorzystana chemia:	
- paints/farby:	AK-Interactive Xtreme Metal: Aluminium (AK479), Steel (AK476), Duraluminium (AK482), Jet Exhaust (AK486), Pale Burnt (AK485), Titanium (AK669); AK-Interactive: NATO Black (AK799); Mr.Color: Gray FS36375 (H308), Gray FS36320 (H307); Vallejo Air: Tyre Black (71315),
- laquers/lakiery: Mr.Hobby:	Cool White Gloss (GX1), Super Clear III (GX112); Alclad Klear Kote Light Sheen (ALC-311),
- chemicals/chemia:	Ammo Mig: Panel Line Wash Deep Brown (1618), Panel Line Wash Blue Black (1617), Panel Line Wash Tan Gray (1610), Panel Line Wash Back Night (1611), Panel Line Wash Blue Gray (1613), Panel Line Wash Medium Gray (1601); AK-Interactive: Dark Steel Pigment (AK086), European Earth Pigment (AK042), Dark Earth Pigment (AK081), Slimy Grime Dark (AK026), Slimy Grime Light (AK027); Flory Models: Dark Dirt (FMW002),
- crayons/kredki AK-Interactive:	Black (AK10001), White (AK10004), Light Green (AK10007), Dust-Rainmarks (AK10026), Earth Brown (AK10028),
- surfacer/podkład:	Mr.Surfacer Gray 1200 (SF-286), Mr.Finishing Surfacer Black 1500 (SF-288).

All elements ready for painting (when arranging the parts for the photo, I've made a mistake and put two AIM-120 rockets, there should be two AIM-9s).

Wszystkie elementy przygotowane do malowania (podczas układania części do zdjęcia pomyliłem się i położyłem dwie rakiety AIM-120, a powinny być dwie AIM-9).

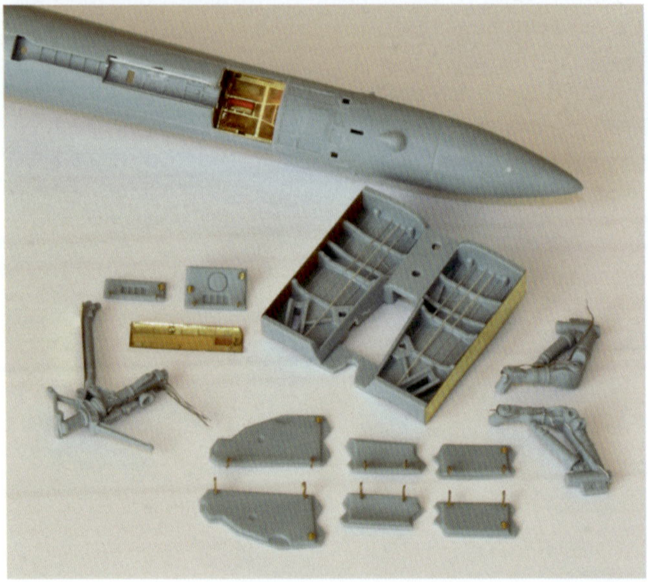

Undercarriage elements supplemented with PE parts and tin-wire cables.

Elementy podwozia uzupełnione o części fototrawione oraz przewody z cynowych drucików.

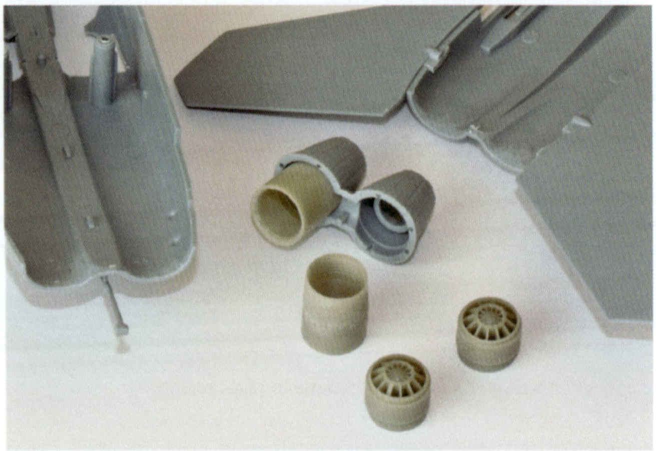

I've decided to replace the internal parts of the nozzles with resin ones. To do this, I had to slim down the walls at the end of the fuselage, cut off the beam that connects the horizontal fins, and remove some material from the resin elements entering the plastic nozzles.

Wewnętrzne części dysz postanowiłem wymienić na żywiczne. W tym celu musiałem odchudzić ścianki na końcu kadłuba, odciąć belkę łączącą stateczniki poziome oraz usunąć trochę materiału z żywicznych elementów wchodzących w plastikowe dysze.

Cockpit before painting, supplemented with PE details and a resin pilot's seat. From the instrument panel and side panels, I've removed the drawing of instruments and switches. After painting, I will replace them with coloured Eduard photo-etched parts.

Kokpit przed malowaniem, uzupełniony o blaszki i żywiczny fotel. Z tablicy przyrządów oraz paneli bocznych usunąłem rysunek zegarów i przełączników. Po malowaniu zastąpię je kolorowymi blaszkami firmy Eduard.

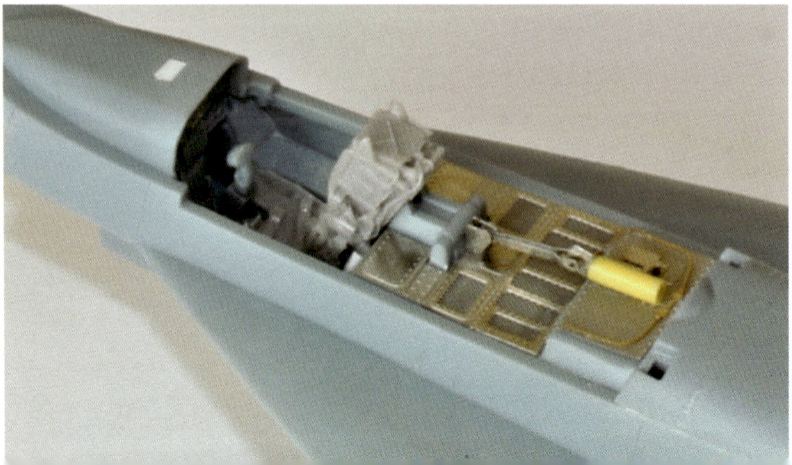

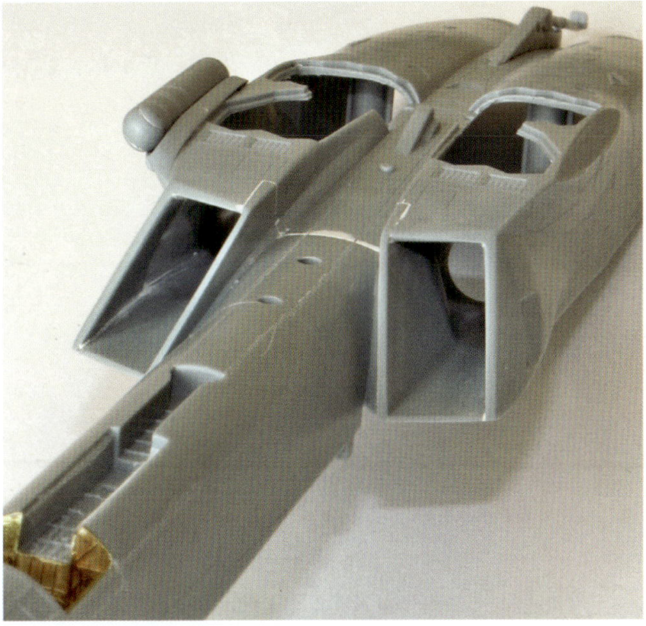

Glued, smoothed and polished air inlets.

Sklejone, wyszpachlowane i oszlifowane wloty powietrza.

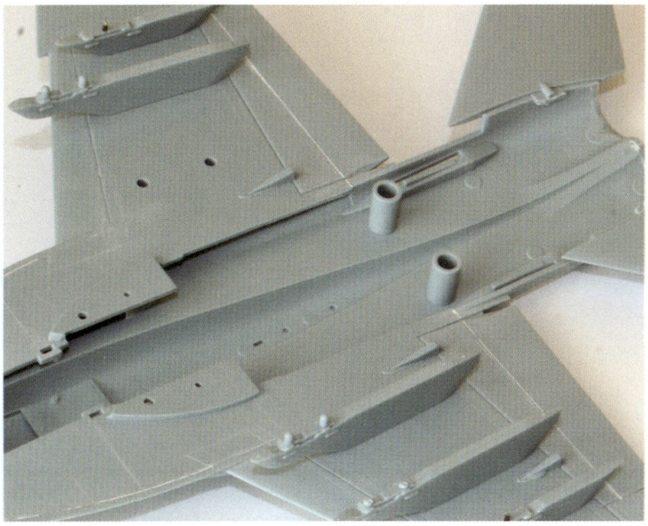

Reworked exterior under-wing pylons. In the set they are cast together with guides for carrying rockets. Wanting to hang the bombs, I removed the guides and glued the mounting pins.

Przerobione zewnętrzne pylony podskrzydłowe. W zestawie są one odlane razem z prowadnicami do przenoszenia rakiet. Chcąc podwiesić bomby, usunąłem prowadnice i wkleiłem kołeczki montażowe.

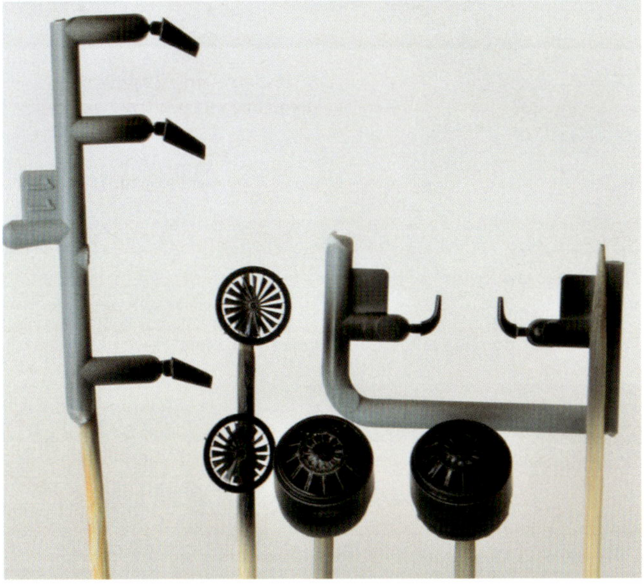

For elements that will be painted in metallic colours, I've put a primer of glossy black paint.

Na elementy, które będą malowane kolorami metalicznymi, położyłem podkład z błyszczącej czarnej farby.

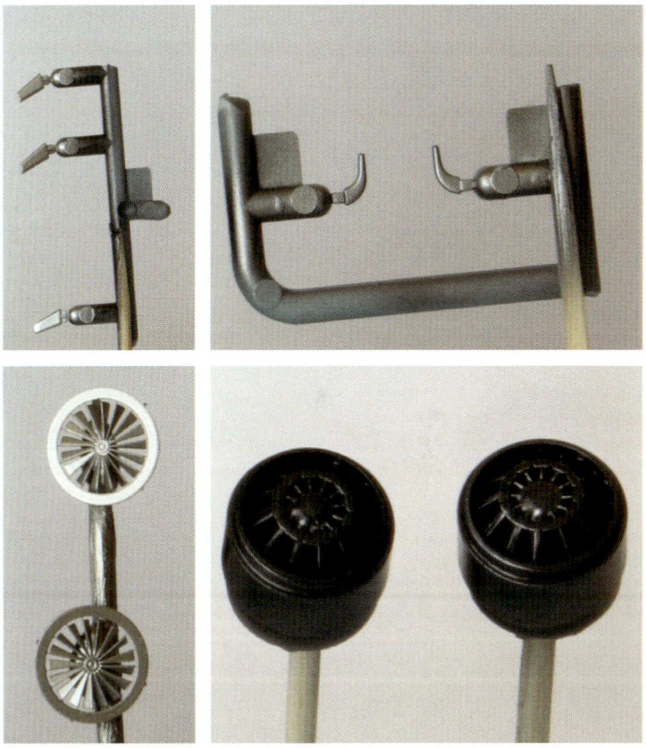

Parts painted in metallic colours were covered with paints from AK-Interactive Xtreme Metal: 479, 476, 482, 486.

Części malowane na kolory metaliczne pokryłem farbami firmy AK-Interactive Xtreme Metal 479, 476, 482, 486.

Some AK-Interactive AK086 steel pigment was used to emphasize the details.

Trochę stalowego pigmentu AK-Interactive AK086 dla podkreślenia detali.

The insides of the nozzles are painted with white Mr.Hobby GX1.

Wnętrza dysz pomalowane białym kolorem Mr.Hobby GX1.

I've washed the afterburner chambers with AMMO MIG 1618 paint.

Komory dopalaczy zwashowałem farbą AMMO MIG 1618.

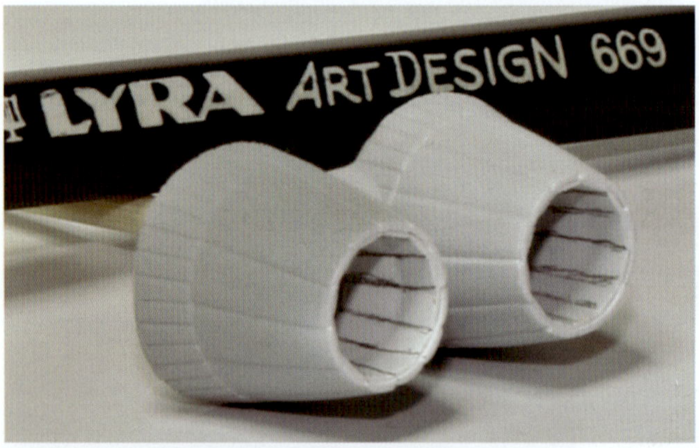

I've marked the inner feathers of the nozzles with a pencil.

Wewnętrzne pióra dysz zaznaczyłem ołówkiem.

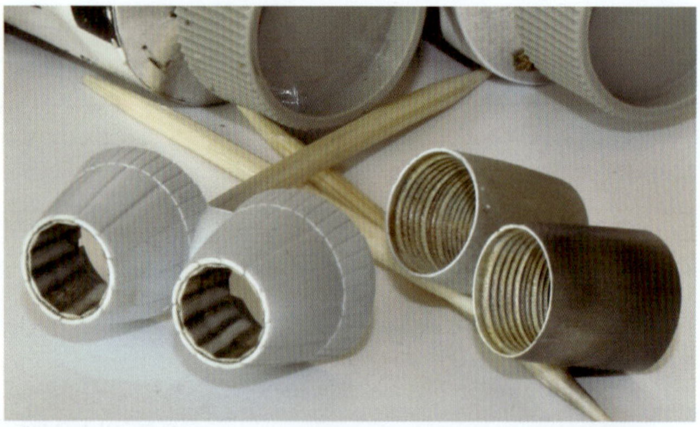

I've painted the insides of the nozzles with oil paints: white, black and umber.

Wnętrza dysz pomalowałem farbami olejnymi: białą, czarną i umbrą.

I've finished the centres of the nozzles with the AK pigments: AK042, AK081 and in ocher and umber colours.

Środki dysz wykończyłem pigmentami AK: AK042, AK081 oraz w kolorze ochry i umbry.

After gluing and masking the nozzles, I've painted them with black glossy paint.

Dysze po sklejeniu i zamaskowaniu pomalowałem czarną błyszczącą farbą.

Then, I've covered the entire nozzles with AK669 Titanium paint.

Następnie całe dysze pokryłem farbą AK669 Titanium.

Some feathers were gently painted with Xtreme Metal paints: AK485 and AK476.

Niektóre pióra delikatnie pomalowałem farbami Xtreme Metal: AK485 oraz AK476.

I've covered the whole with the Mr.Hobby GX112 glossy varnish.

Całość pokryłem bezbarwnym lakierem błyszczącym Mr.Hobby GX112.

The black wash is from AMMO MIG (1617).

Czarny wash to produkt firmy AMMO MIG (1617).

Outer nozzles feathers were shaded with oil paints: white, black and umber.

Zewnętrzne pióra dysz wycieniowane farbami olejnymi: białą, czarną i umbrą.

Finally, I've protected the nozzles with a colourless Alclad varnish (ALC-311).

Na koniec zabezpieczyłem dysze bezbarwnym lakierem firmy Alclad (ALC-311).

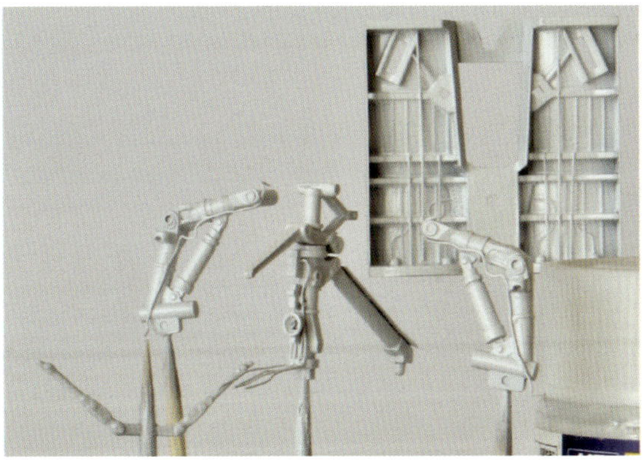

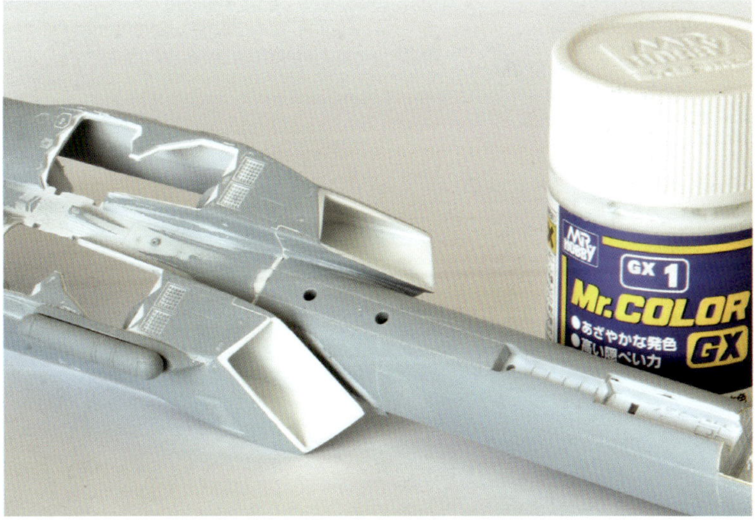

Undercarriage parts and air intakes were first painted with Mr.Hobby 1200 grey primer, and then with glossy white paint from the same company (GX1).

Elementy podwozia i wloty powietrza najpierw pomalowałem szarym podkładem firmy Mr.Hobby 1200, a następnie białą błyszczącą farbą tej samej firmy (GX1).

I've washed the undercarriage with the Dark Dirt paint from Flory Models.

Podwozie zwashowałem farbą Dark Dirt od Flory Models.

Using the AMMO MIG Ultraglue adhesive, I've glued to the fairing the Eduard set of mirrors and handles made of wire.

Klejem Ultraglue firmy AMMO MIG przykleiłem do owiewki lusterka z zestawu Eduarda i uchwyty wykonane od podstaw z drutu.

I've painted the inside of the fairing with a black Mr.Hobby primer.

Wewnętrzną stronę owiewki pomalowałem czarnym podkładem Mr.Hobby.

First, I've painted the tires with a black Mr.Hobby primer and then glued the strips of adhesive tape. I've painted the wheels with Vallejo Air 71315 Tire Black paint. After detaching the tape, I've covered the whole thing with Alclad ALC-313 matte varnish.

Opony najpierw pomalowałem czarnym podkładem Mr.Hobby, a następnie przykleiłem paseczki taśmy samoprzylepnej. Koła pomalowałem farbą Vallejo Air 71315 Tyre Black. Po odklejeniu taśmy całość pokryłem bezbarwnym lakierem matowym Alclad ALC-313.

Tires masked before further painting.

Opony zamaskowane przed dalszym malowaniem.

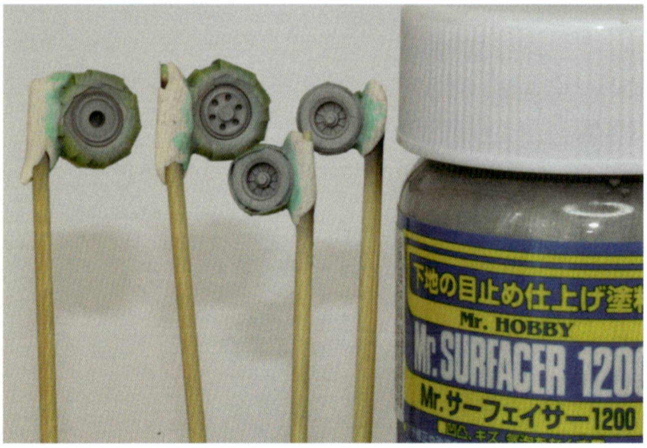

I've painted the rims with Mr.Hobby primer.

Felgi pomalowałem podkładem Mr.Hobby.

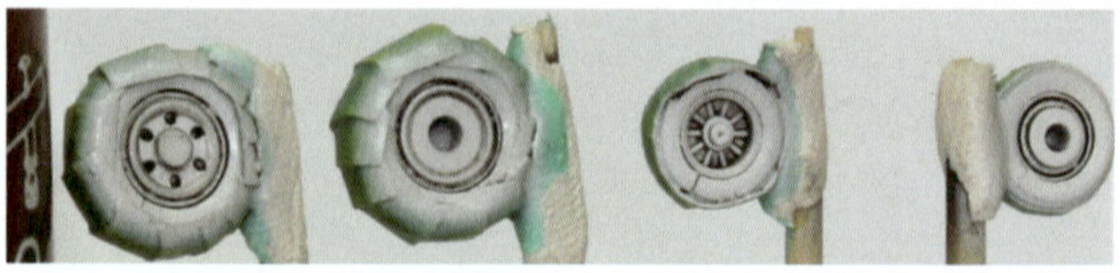

I've painted the rims with the white GX1, then washed them with Dark Dirt. I've protected the whole thing with colourless ALC-311.

Felgi pomalowałem białym kolorem GX1, następnie zwashowałem Dark Dirt. Całość zabezpieczyłem bezbarwnym ALC-311.

Finished wheels.

Gotowe koła.

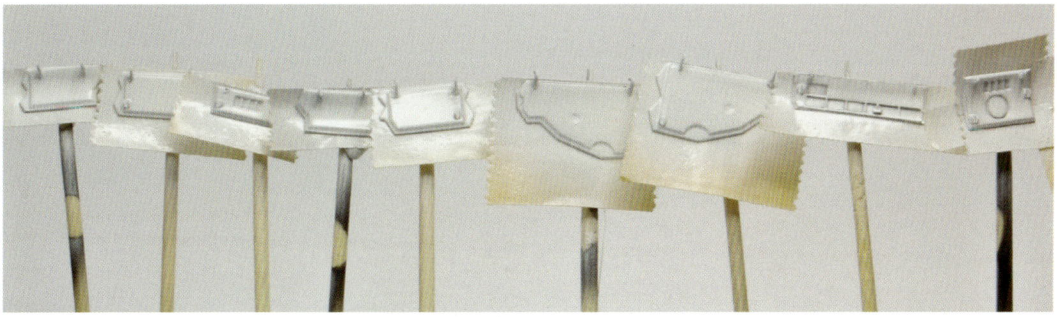

I've painted the inside of the undercarriage covers with Mr.Hobby's grey primer and then with glossy white paint from the same company.

Wewnętrzną stronę osłon podwozia pomalowałem szarym podkładem Mr.Hobby, a następnie błyszczącym białym lakierem tej samej firmy.

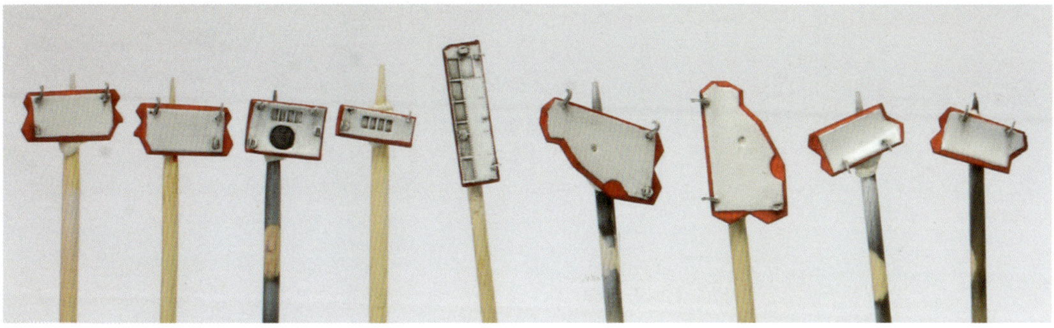

I've painted the frames in red. After washing the elements with Dark Dirt paint, I've secured the whole thing with colourless ALC-311.

Obramówki pomalowałem kolorem czerwonym. Po zwashowaniu elementów farbą Dark Dirt całość zabezpieczyłem bezbarwnym ALC-311.

The bombs received a flame retardant coating which I've made from a black Mr.Hobby's surfacer. With a hard, short-cut brush I hit the drying surfacer, creating the appropriate texture of the coating.

Bomby otrzymały powłokę przeciwogniową, którą wykonałem z czarnego surfacera Mr.Hobby. Twardym, krótko przyciętym pędzlem uderzałem w wysychający surfacer, tworząc odpowiednią fakturę powłoki.

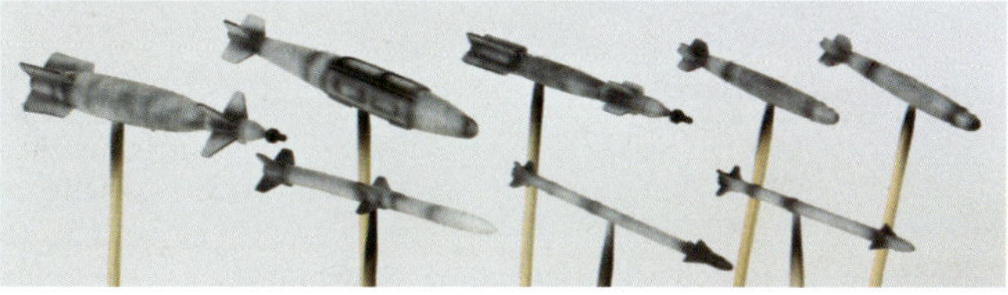

Black basing on the armament.

Black basing na uzbrojeniu.

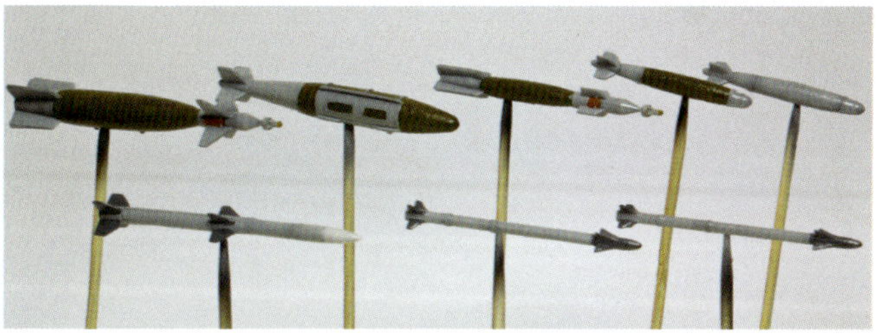

The details of the weapons were painted with the appropriate colours, and then the whole thing was covered with a clear glossy varnish Mr.Color GX112.

Detale uzbrojenia pomalowałem odpowiednimi kolorami, po czym całość zabezpieczyłem bezbarwnym lakierem błyszczącym Mr.Color GX112.

I've painted the armament with grey Mr. Color 308.

Uzbrojenie pomalowałem szarym Mr.Color 308.

I've made the discoloration on the green colour with AK-Interactive paints: AK026 and AK027.

Przebarwienia na zielonym kolorze wykonałem farbami AK-Interactive: AK026 i AK027.

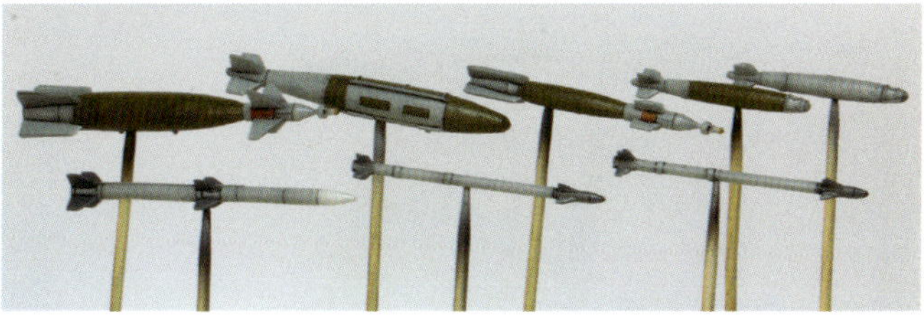

Wash was made from Panel Line Wash Blue Black by AMMO MIG (1617).

Wash zrobiony z Panel Line Wash Blue Black firmy AMMO MIG (1617).

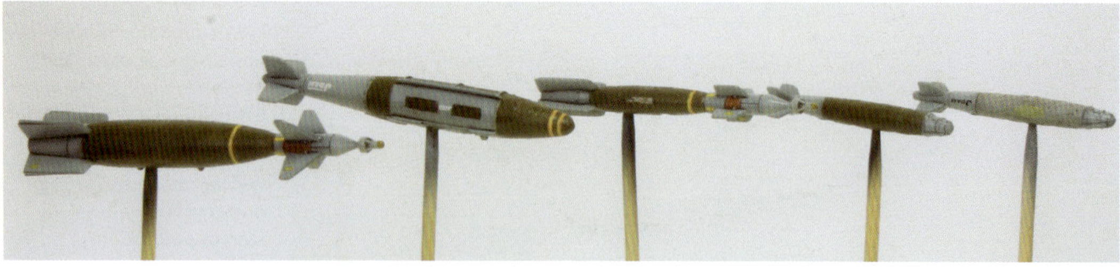

Decals in their places.

Kalkomanie na swoich miejscach.

The entire armament was secured with a colourless ALC-311.

Całe uzbrojenie zabezpieczyłem bezbarwnym ALC-311.

I've painted the cockpit with a Mr.Hobby's black primer.

Kokpit pomalowałem czarnym podkładem Mr.Hobby.

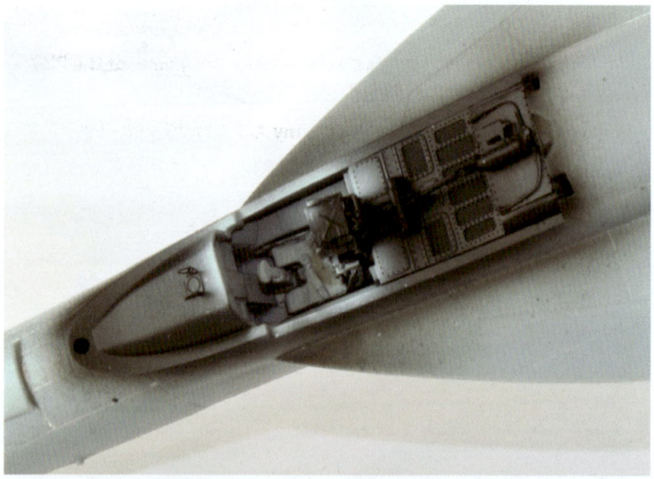

I've painted the middle of the cockpit with a light grey paint.

Środek kokpitu pomalowałem jasnoszarą farbą.

After securing the grey colour with masking tape, I've covered the whole thing with NATO Black AK799.

Po zabezpieczeniu szarego koloru taśmą maskującą całość pokryłem kolorem NATO Black AK799.

Details of the pilot's seat painted in the right colours.

Detale fotela pomalowane na właściwe kolory.

In the cockpit, I've put a wash made of AMMO MIG paints of the PLW series, numbers 1610, 1611, 1618.

W kokpicie zapuściłem washa z farb firmy AMMO MIG serii PLW o numerach 1610, 1611, 1618.

After sticking the coloured Eduard PE parts, I've secured the whole thing with the ALC-313 colourless mat.

Po przyklejeniu kolorowych blaszek firmy Eduard całość zabezpieczyłem bezbarwnym matem ALC-313.

I've highlighted the details with AK-Interactive crayons 10001, 10004, 10007, 10026, 10028.

Detale podkreśliłem kredkami AK-Interactive 10001, 10004, 10007, 10026, 10028.

I've painted the entire cockpit with ALC-311 clear coat.

Cały kokpit pomalowałem bezbarwnym lakierem ALC-311.

Cockpit was ready.

Gotowy kokpit.

Model ready for painting.

Model gotowy do malowania.

First, I've put a black Mr.Hobby primer.

Najpierw położyłem czarny podkład Mr.Hobby.

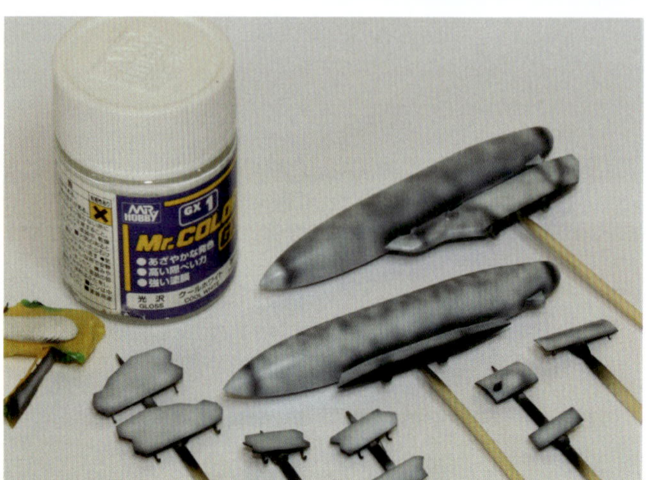

I've made the shading with the white GX1 Mr.Color paint.

Cieniowanie wykonałem białą farbą GX1 Mr.Color.

I've painted the top surfaces with Mr. Color 307.

Górę pomalowałem farbą Mr.Color 307.

On the bottom part of the model, I've used the Mr.Color 308 paint.

Na spodnią część modelu położyłem warstwę Mr.Color 308.

After securing the whole with a colourless gloss GX112 on the upper surfaces, I've put a delicate wash with PLW Blue Gray from AMMO MIG (1613).

Po zabezpieczeniu całości bezbarwnym połyskiem GX112 na górnych powierzchniach zapuściłem delikatnego washa z PLW Blue Grey od AMMO MIG (1613).

Bottom was washed with with PLW Medium Grey wash from AMMO MIG (1601).

Spód zwashowałem płukanką PLW Medium Grey od AMMO MIG (1601).

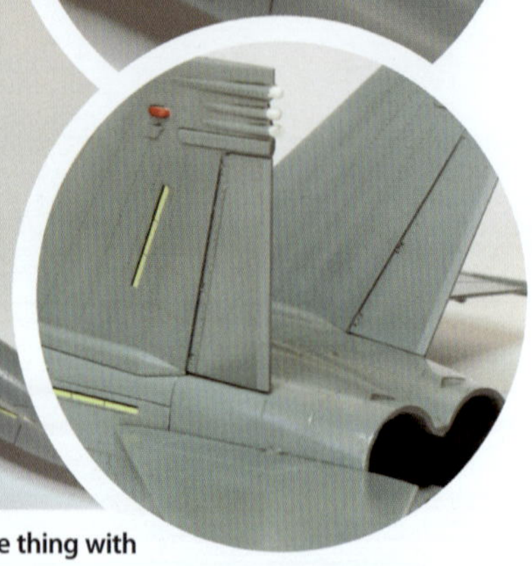

After applying a set of decals with maintenance inscriptions and painting a few details, I've sealed the whole thing with GX112 varnish.

Po nałożeniu zestawowych kalkomanii z napisami eksploatacyjnymi i pomalowaniu kilku detali całość znowu zabezpieczyłem lakierem GX112.

With a mixture of white and grey oil paints for artists, I've brightened the panels on the top surfaces.

Mieszanką koloru białego i szarego z farb olejnych dla plastyków rozjaśniłem panele na górnej powierzchni.

On the lower surfaces, I've only used white to lighten the panels.

Na dolnej powierzchni do rozjaśnienia paneli użyłem jedynie koloru białego.

After the oil paints had dried, I've protected the whole thing with colourless GX112 varnish. Then, I've put the rest of the decal and once again sealed the entire model with GX112.

Po wyschnięciu farb olejnych całość zabezpieczyłem bezbarwnym lakierem GX112. Następnie położyłem resztę kalkomanii i ponownie GX112 na cały model.

I've made a wash from grey oil paint and darkened the dividing lines and rivets.

Z szarej olejnej farby zrobiłem wash oraz przyciemniłem linie podziału i nitów.

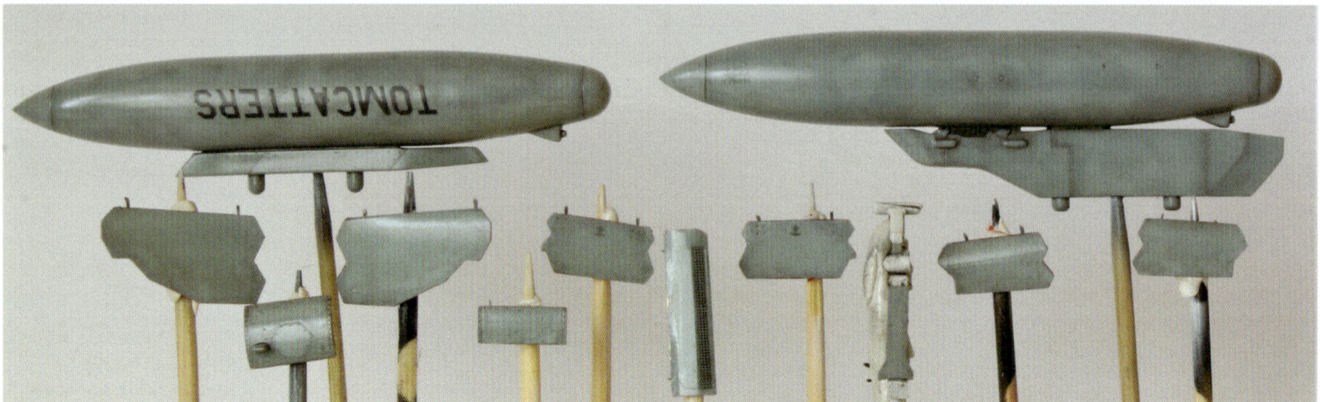

With ocher and umber oil paints I've recreated dirt and stains. After drying, the whole thing was re-sealed with GX112.

Z farb olejnych w kolorze ochry i umbry wykonałem brud oraz zacieki. Po wyschnięciu całość ponownie zabezpieczyłem GX112 Mr.Color.

The last stage of weathering was adding dirt made from black oil paint.

Ostatnim etapem weatheringu było dodanie zabrudzeń z czarnej farby olejnej.

Finally, I've painted the entire model with Alclad ALC-313 clear coat with a drop of Mr.Color 308 paint.

Na końcu cały model pomalowałem bezbarwnym lakierem Alclad ALC-313 z dodatkiem kropli farby Mr.Color 308.

The last thing to paint was the gun nozzle cover. After masking the model, I've painted the cover first with glossy black Mr.Color 002 and then with Xtreme Metal AK479 Aluminum.

Ostatnią rzeczą do pomalowania była osłona wylotu działka. Po zamaskowaniu modelu osłonę najpierw pomalowałem błyszczącą czarną farbą Mr.Color 002, a następnie Xtreme Metal AK479 Aluminium.

107
107

107
AJ
NAVY
TOMCATTERS

107
VFA-31
107
107

107
VFA-31

107
VFA-31

F/A-18 E

Super Hornet

Sebastian Piechowiak

The F/A-18 *Hornet* is the successor to the US Navy's flying legends: the F-14 *Tomcat* and A-6 *Intruder*. *Hornet* was designed and constructed to combine in one machine all the advantages of both of these aircrafts. As a result, the F-18 has become the most versatile machine in the US Navy's arsenal, and thanks to its modernization potential, it has received many modifications in subsequent production versions. The crowning achievement of the F-18 line is the F/A-18 E/F *Super Hornet* version. Outwardly, it is a plane very similar to the *Hornet*, but you have to remember that it is a completely new machine. The *Super Hornet* entered service 18 years ago.

I've decided to build a miniature of this plane. For construction, I've chosen a 1/48 scale model from Hasegawa, issued in a limited edition by Czech Eduard, with a few resin elements, photo-etched details, and masks. The set comes along with a very effective paint schemes, but unfortunately they do not match the version produced by Hasegawa, but more on that later. As Hasegawa, and in this case also Eduard, do not spoil the modellers with additional weapons, I've used resin missiles from Eduard's offer: the AIM-120 *Amram*, AIM-9 *Sidewinder* (these are included in set, but resin ones are much better), GBU-32, GBU-24 bombs, weapons adapters for GBU-32 BRU-57A bombs, and ECS PIPES exhaust elements of a later version.

F/A-18 *Hornet* to następca latających legend Marynarki Wojennej Stanów Zjednoczonych, jakimi były F-14 *Tomcat* i A-6 *Intruder*. *Hornet* projektowano i skonstruowano tak, by połączyć w jednej maszynie wszystkie zalety obu wspomnianych samolotów. W związku z tym F-18 stał się najbardziej wszechstronną maszyną w arsenale US Navy, a dzięki swojej uniwersalności i potencjałowi modernizacyjnemu doczekał się wielu modyfikacji w kolejnych wersjach produkcyjnych. Ukoronowaniem linii myśliwców F-18 jest wersja F/A-18 E/F *Super Hornet*. Zewnętrznie jest to samolot bardzo podobny do *Horneta*, ale trzeba pamiętać, że to zupełnie nowa maszyna. *Super Hornet* został zaprojektowany od podstaw, a do użycia wszedł 18 lat temu.

Replikę właśnie tego samolotu postanowiłem zbudować w miniaturze. Do budowy wybrałem model Hasegawy w skali 1/48 wydany w limitowanej edycji przez czeski Eduard z kilkoma elementami żywicznymi oraz blaszkami fototrawionymi i maskami. Zestaw charakteryzuje się bardzo efektownymi malowaniami, ale niestety niepasującymi zupełnie do wersji, jaką produkuje Hasegawa, ale o tym później. Jako że Hasegawa, a w tym przypadku także i Eduard nie rozpieszczają modelarzy dodatkowym uzbrojeniem, posłużyłem się dokupionymi zestawami w postaci żywicznych pocisków wydanych przez Eduarda: AIM-120 *Amram*, AIM-9 *Sidewinder* (pociski te występują w zestawie, ale żywiczne są dużo lepsze), bomb GBU-32, GBU-24 oraz adaptery uzbrojenia dla bomb GBU-32 BRU-57A i elementy wydechowe ECS PIPES późniejszej wersji.

Used sets/wykorzystane zestawy:	
– F/A-18 E, scale/skala 1/48, Eduard catalogue no./nr kat. 11129,	
– Missiles/pociski AIM-120 Amram Eduard catalogue no./nr kat. 648087,	
– Bombs/bomby GBU-32 Eduard catalogue no./nr kat. 648396,	
– Bombs/bomby GBU-24 Eduard catalogue no./nr kat. 648095,	
– Racks/zaczepy BRU-57A Eduard catalogue no./nr kat. 648358,	
– ECS pipes/rury ECS Quickboost catalogue no./nr kat. 48462.	
Used paints and other chemicals/wykorzystana chemia:	
– paints/farby:	Hataka: US Olive Drab Late (ANA613), Traffic White (C101), Light Ghost Grey (C037), Dark Ghost Grey (C035), Gunship Grey (C031), Grey (C054), Medium Grey (C046), Dark Gull Grey (C044), Light Grey (C050), Have Glass Grey (C058),
– lacquers/lakiery:	Hataka: Gloss Lacquer Clear Coat (XP09),
– chemicals/chemia:	Modellers World: Deep Black Oil Wash (012), Earthy Grime Oil Wash (008), Black Brown Oil Wash (006),
– surfacer/podkład:	Mr.Surfacer Black 1500 (SF-288),
– glues/kleje:	Tamiya Extra Thin, CA, Tamiya Decal Adhesive,
– putty/szpachla:	Tamiya Light Curing Putty,
– thinner/rozcieńczalnik	Wamod Level High Thinner,
– decal liquids/płyny do kalkomanii:	Tamiya Mark Fit, Mark Fit Strong.

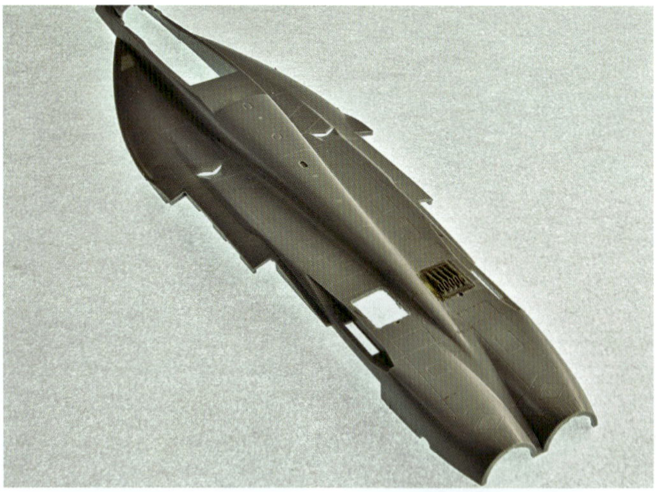

I've started the construction by remodeling the ECS elements, so the model could be made in one of the schemes offered by Eduard. For this purpose, with a razor saw, I've cut out the old elements that formed a whole with the upper part of the fuselage and in their place. After properly grinding the holes, I've glued Quickboost resin replacements.

Budowę modelu rozpocząłem od przerobienia elementów ECS, aby można było wykonać model w jednym z malowań oferowanych przez Eduarda. W tym celu piłką-żyletką wyciąłem stare elementy, które tworzyły całość z górną częścią kadłuba i na ich miejsce, po odpowiednim oszlifowaniu otworów, wkleiłem żywiczne zamienniki firmy Quickboost.

I've started the main part of the construction with gluing the pilot's seat. It is a resin piece that Eduard adds to the kit. The belts are photo-etched. The seat is very well casted, rich in detail and fits perfectly into the interior of the cockpit. I've started by painting it completely black, and then I've painted the "soft parts" with Khaki (Olive Drab 43 from the Hataka set). I've applied both colours with an airbrush fitted with a nozzle of 0.15mm in diameter. I've made some corrections with a brush. After the paint has dried, which in the case of Hataka takes a few minutes, I've rubbed the whole thing with a flat brush, using the so-called dry brush method. I've painted a very light grey to accentuate the abrasions and highlight small elements. Finally, I've glued rest of the seats' details.

Zasadniczą część budowy rozpocząłem od sklejenia fotela pilota. Jest to żywiczny element, który Eduard dodaje do zestawu. Pasy natomiast są w postaci blaszek fototrawionych. Fotel jest bardzo dobrze odlany, bogaty w szczegóły i doskonale pasuje do wnętrza kabiny. Zacząłem od pomalowania go w całości na kolor czarny, a następnie „części miękkie" pomalowałem kolorem Khaki (Olive Drab 43 z zestawu Hataki). Oba kolory nakładałem aerografem z dyszą o średnicy 0,15 mm. Poprawki wykonałem pędzelkiem. Po wyschnięciu farby, co w przypadku Hataki trwa kilka minut, całość przetarłem płaskim pędzelkiem, stosując tzw. metodę suchego pędzla. Malowałem bardzo jasnym szarym, aby zaakcentować przetarcia oraz uwypuklić drobne elementy. Na koniec dokleiłem oprzyrządowanie fotela.

Then, I've started building the interior of the cockpit. First, I've removed all the plastic parts of the panels and the dashboard, and then added the photo-etched parts offered by Eduard (in this set all the switches are convex). Then the whole thing was painted with light grey from the Hataka set developed for modern US Navy machines. The next step was to glue the interior elements: side panels fittings, a dashboard covered with photo-etched parts and a control stick, also supplemented with etched details. I must admit that I've managed to match the colour of the paint with the colour of Eduard's PE parts, which was not so easy before.

Następnie przystąpiłem do budowy wnętrza kabiny pilota. W pierwszej kolejności usunąłem wszystkie odlane w plastiku elementy paneli i deski rozdzielczej, aby później w to miejsce wkleić elementy fototrawione oferowane przez Eduarda (w tym zestawie wszystkie przełączniki na blaszkach są wypukłe). Następnie całość została pomalowana jasnym szarym z zestawu Hataki opracowanego pod współczesne maszyny US Navy. Kolejnym krokiem było wklejenie elementów wnętrza: wyposażenie bocznych paneli, deski rozdzielczej oklejonej elementami fototrawionymi oraz drążka sterowego, także uzupełnionego o trawione blaszki. Muszę przyznać, że udało mi się dobrać kolor farby do koloru blaszek Eduarda, co wcale wcześniej nie bywało takie łatwe.

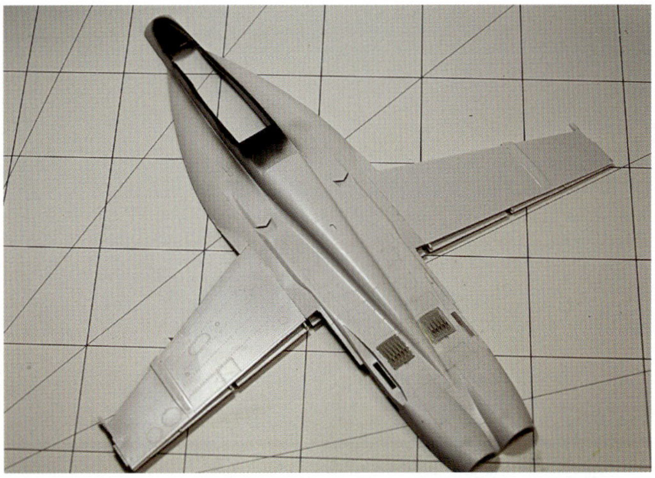

When the cockpit and seat were ready, I've started working on the fuselage. From the cabin to the exhaust nozzles it consists of upper and lower elements. Personally, I don't really like such a layout due to the difficulty of later filling and sanding, but modern airplanes are designed in such way that it probably cannot be otherwise. First, I've poured the CSE joints with cyanoacrylate glue, then gently treated them with 3M abrasive sponges in several grades.

Kiedy kabinę i fotel miałem już gotowe, przystąpiłem do prac przy kadłubie. Od kabiny do dysz wylotowych składa się on z elementów górnego i dolnego. Osobiście nie bardzo lubię taki układ ze względu na trudność w późniejszym szpachlowaniu i obrabianiu, ale współczesne samoloty są tak projektowane, że inaczej chyba się nie da. Najpierw zalałem miejsca łączenia CSE klejem cyjanoakrylowym, a następnie delikatnie obrobiłem je gąbkami ściernymi firmy 3M o kilku gradacjach.

At the bottom of the fuselage, I've picked up the main landing gear recesses: first, I've painted them black, then gently covered them with white base color, trying to let the black show through the underneath, imitating dirt and discoloration.

W dolnej części kadłuba wziąłem się za wnęki podwozia głównego: najpierw pomalowałem je na kolor czarny, a następnie delikatnie pokryłem białym kolorem bazowym, starając się, aby czerń przebijała spod spodu, imitując brud i przebarwienia.

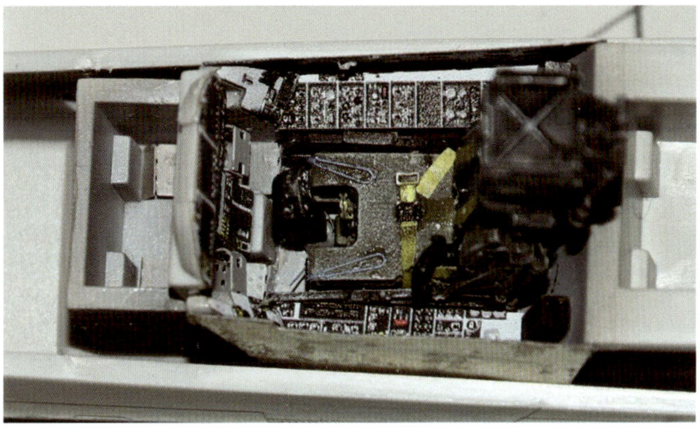

Another element of the fuselage is the nose, which also consists of two parts, but this time the division into halves is solved in a more traditional way. At this stage, the cockpit should also be installed.

Kolejnym elementem kadłuba jest dziób, który również składa się z dwóch części, ale tym razem podział na połówki rozwiązany jest w bardziej tradycyjny sposób. Na tym etapie należy też zamontować kabinę pilota.

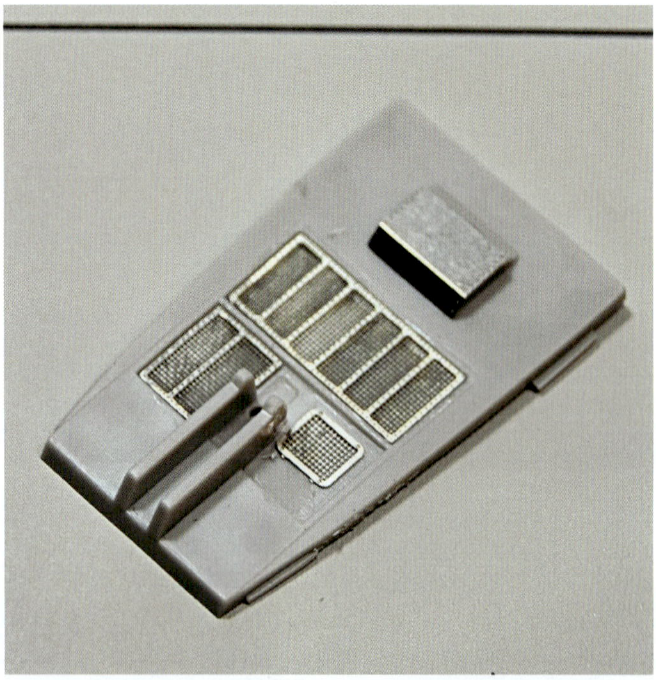

I've also glued the right and left module with covers and air intake ducts for cooling the engines, and the cabin equipment behind the pilot's seat. Here, I've also used elements from the PE set.

Do kompletu skleiłem jeszcze prawy i lewy moduł z osłonami i kanałami dolotowymi powietrza do chłodzenia silników oraz element wyposażenia kabiny za fotelem pilota, tutaj także posłużyłem się elementami z blaszki.

After completing all the components of the fuselage, I've went for the most difficult part of building the model. I've started the work from gluing the main parts of the fuselage: the upper and lower parts, and the covers of the air inlets. Clamps were very useful here. Although the parts don't fit perfectly, it's fair to say it's not that bad.

Po skompletowaniu wszystkich elementów składowych kadłuba przystąpiłem do najtrudniejszej części budowy modelu, czyli sklejenia głównych części kadłuba: górnej i dolnej oraz osłon wlotów powietrza. Posłużyłem się przy tym ściskami. Choć części nie pasują idealnie, trzeba jednak powiedzieć, że nie jest aż tak źle.

Next, I've connected the finished nose with completed cockpit.

W dalszej kolejności dołączyłem gotowy dziób wraz z kompletną kabiną pilota.

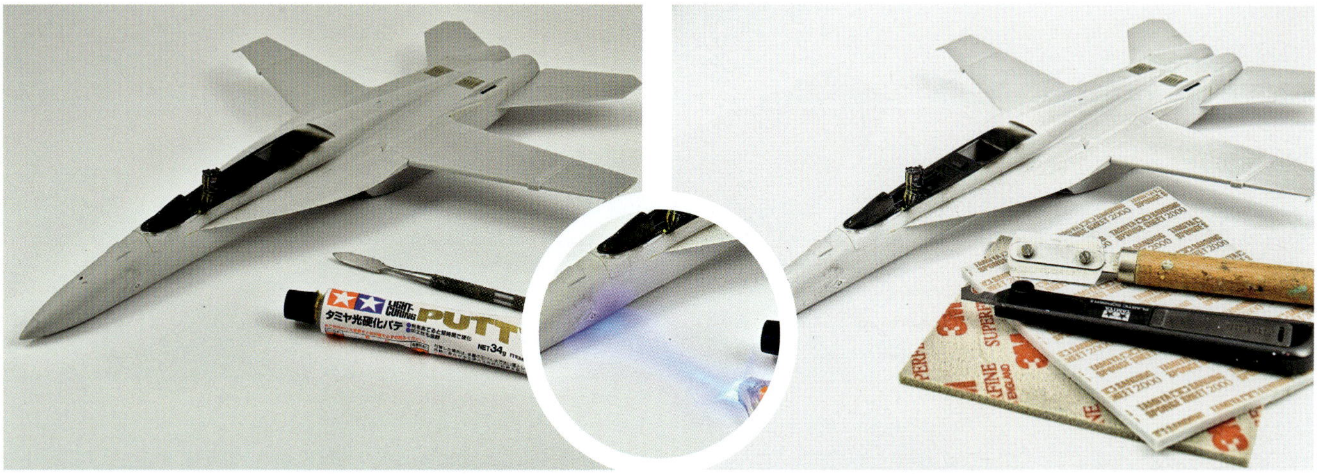

After the glue had dried (apart from Extra Thin Tamiya, I was using CA glue in large amounts), I've started to putty the model. I've used the Tamiya putty (light hardening version) and a UV lamp to harden it. In my opinion, this is the best putty on the market. After hardening with UV light, it is ready for processing in a few minutes, while it adheres very well to the plastic and does not crack. Then, I've sanded everything with the abrasive sponges. Finally, I've recreated the panels dividing lines with Tamiya's stylus and a razor blade.

Po wyschnięciu kleju (oprócz Extra Thin Tamiyi w dużych ilościach stosowałem klejem CA) przystąpiłem do szpachlowania modelu. Posłużyłem się szpachlówką firmy Tamiya (wersja światłoutwardzalna) oraz lampą UV do utwardzenia. Moim zdaniem jest to najlepsza szpachlówka na rynku. Po utwardzeniu światłem UV po kilku minutach jest gotowa do obróbki, bardzo dobrze przylega do plastiku i nie pęka. Następnie wszystko wyszlifowałem gąbkami ściernymi. Na koniec odtworzyłem linie podziału blach za pomocą rylca Tamiyi i piłki-żyletki.

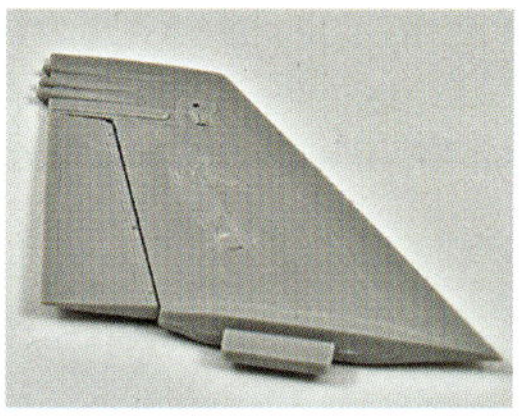

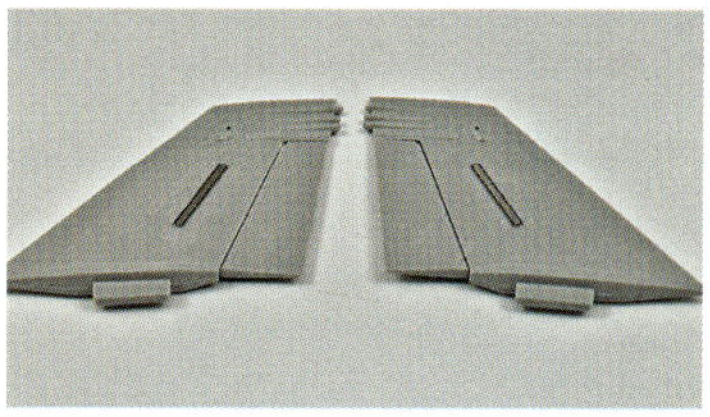

Next, I've glued the vertical stabilizers together and removed the factory position lights, which are quite wide. I've replaced them with substitutes offered by Eduard.

W następnej kolejności skleiłem stateczniki pionowe i usunąłem z nich fabryczne światła, które są dość szerokie. Zastąpiłem je zamiennikami oferowanymi przez Eduarda.

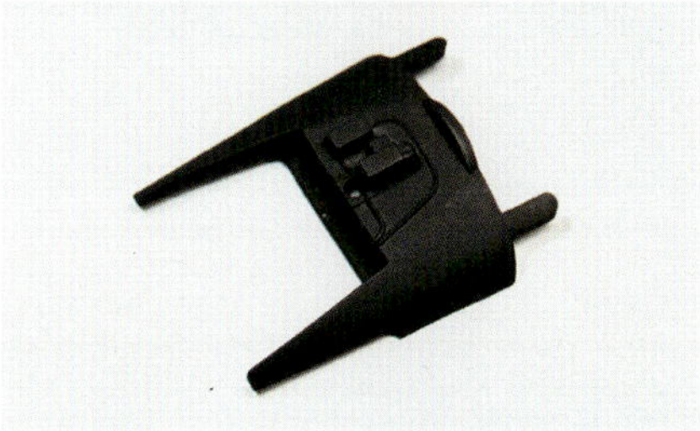

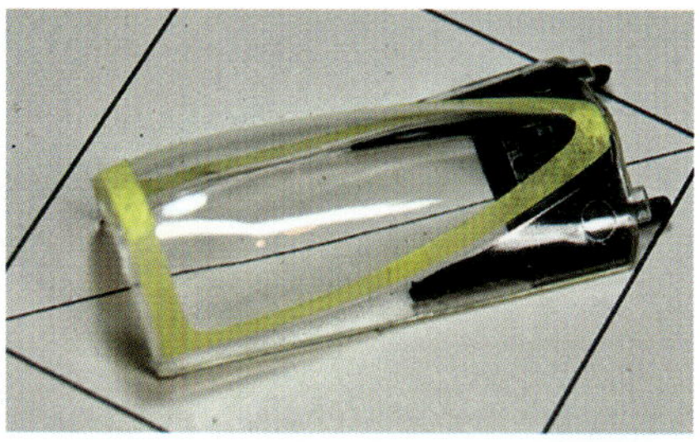

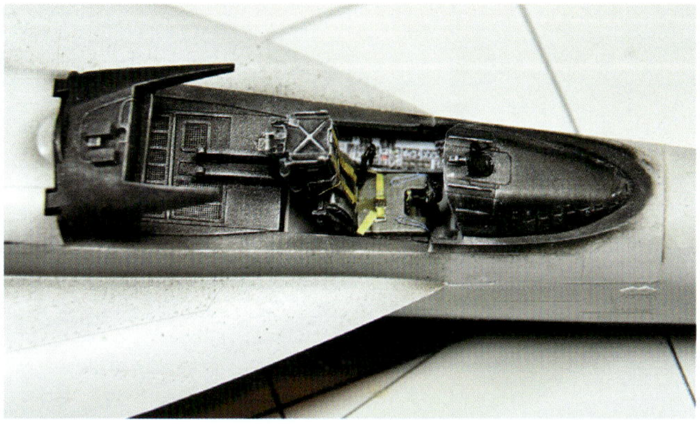

Other details I took care of were the cockpit cover and the HUD sight, which is offered by Eduard and is located on the photo-etched sheet. It only needs to be gently assembled and enriched with glass (made as a cliché). After gluing the sight and the locking mechanism of the cockpit cover, I've masked the windscreen and the canopy before painting and put it in its place (temporarily). I've also stuck the rest of the position lights, which are on the photo-etched sheet.

Kolejnymi detalami, jakimi się zająłem, był element osłony kabiny i celownik HUD. Celownik jest oferowany przez Eduarda i znajduje się na blaszce fototrawionej, należy go tylko delikatnie złożyć i na końcu wkleić szkiełka (wykonane jako klisza). Po wklejeniu celownika i mechanizmu zamykania osłony kabiny wiatrochron i osłonę kabiny zamaskowałem przed malowaniem i umieściłem na swoim miejscu (tymczasowo). Dokleiłem też resztę świateł pozycyjnych, które znajdują się na blaszce fototrawionej.

The next step was to degrease the model before applying the primer. After that, I've sealed whole model with Mr.Hobby's black undercoat, grade 1500.

Następnym etapem było odtłuszczenie modelu przed położeniem podkładu. Użyłem czarnego podkładu firmy Mr.Hobby o gradacji 1500.

Then I've made the so-called marble using JR Miniatures templates (made to order). I've used the Hataka white paint (it's very strong so don't worry – it will not be torn off along with the masking tape).

Następnie wykonałem tzw. marmurek przy pomocy szablonów JR Miniatures (zrobione na zamówienie). Zastosowałem białą farbę Hataki (jest bardzo mocna, więc nie ma większego niepokoju, że zostanie zerwana wraz z taśmą maskującą).

The next, and for me the most pleasant stage of construction was painting. For this purpose, I've used the Hataka paints again, this time a colour matching set for US Navy aviation (CS 044). For dilution, I've used Wamod cellulose thinner.

Kolejnym, najbardziej przyjemnym dla mnie etapem budowy było malowanie. W tym celu ponownie posłużyłem się farbami Hataka, tym razem zestawem dobranym kolorystycznie do lotnictwa US Navy (CS 044). Do rozcieńczenia użyłem rozcieńczalnika do farb celulozowych firmy Wamod.

I've made the separation of the colour borders with a 3M elastic band, then I've painted upper parts of the fuselage and the vertical fins with black paint. After this stage, I've put more layers of grey.

Oddzielenie granicy kolorów wykonałem przy pomocy elastycznej taśmy firmy 3M, następnie położyłem kolor czarny na górne części kadłuba oraz stateczniki pionowe. Po tym etapie położyłem kolejne warstwy szarości.

After the paints dried, I've applied a colourless, glossy Hataka varnish, diluted as before with Wamod. The model was ready for the most tiring operation – applying the decals.

Po wyschnięciu farb naniosłem bezbarwny, błyszczący lakier Hataki rozcieńczony jak poprzednio Wamodem. Model był gotowy do najbardziej męczącej mnie operacji, czyli nakładania kalkomanii.

VFA-81
200
POW★MIA

DECAL ADHESIVE
MARK FIT
MARK FIT
VFA-81
200
POW★MIA

USS CARL VINSON
NAVY
F/A-18E
166830

USS CARL VINSON
NAVY
F/A-18E
166830

200
VFA-81
POW★MIA
YOU ARE NOT FORGOTTEN
200
USS CARL VINSON
NAV

The decals offered by Eduard are Cartograf's products, which guarantees high quality. When applying the decal, I've used the appropriate Tamiya softening liquids and decal glue from the same company, which fixes the decal to the model well and reduces the shine effect. Fortunately, all the decals worked fine.

Kalkomanie oferowane przez Eduarda to produkt Cartografa, co daje gwarancję wysokiej jakości. Przy nakładaniu kalkomanii użyłem stosownych płynów zmiękczających Tamiyi oraz kleju do kalkomanii tejże firmy, który dobrze przytwierdza kalkomanię do modelu i niweluje efekt błyszczenia. Na szczęście kalki ułożyły się bez problemu.

When the model was completely covered with decals, I've sealed it with glossy varnish, and then proceeded to the stage of dirtying and weathering, in other words – bullying the model. For this task I used – new for me – washes of the Polish company Modellers. I have to admit that they worked flawlessly – they penetrate the crevices very well, they are well mixed, and at the same time they do not blur and have a very pleasant smell. In my opinion, they are much better than their Spanish counterparts.

Kiedy model był już całkowicie oklejony kalkomaniami, pokryłem go lakierem błyszczącym, po czym przystąpiłem do fazy brudzenia i niszczenia, czyli znęcania się nad modelem. Do tego zadania użyłem – nowych dla mnie – washy polskiej firmy Modellers. Muszę przyznać, że sprawiły się bez zarzutu – bardzo dobrze wnikają w szczeliny, są dobrze rozrobione, a jednocześnie nie rozmywają się i mają bardzo przyjemny zapach. Moim zdaniem są dużo lepsze od ich hiszpańskich odpowiedników.

After the wash dried, which does not take too long, I've wiped everything off with a paper towel and cotton sticks. Then, I've covered the model with Hataka's matt varnish to fix the rinse and prepare the model for the watercolour crayons, which give the best effect on matt surfaces. I've used coloured pencils in shades of grey and brown.
The next step was to fix the crayons with a hairspray that I think is best for it. After spraying with colourless varnishes, the crayons disappear very much, and when using hairspray, the fading effect of the crayons is much lesser. Finally, I've sprayed everything with satin varnish.

Po wyschnięciu washa, co nie trwa zbyt długo, starłem wszystko papierowym ręcznikiem oraz patyczkami bawełnianymi. Następnie model wraz z washem pokryłem lakierem matowym Hataki w celu utrwalenia płukanki oraz przygotowania modelu do pracy z kredkami akwarelowymi, które dają najlepszy efekt właśnie na matowych powierzchniach. Użyłem kredek o odcieniach szarości oraz brązów.
Kolejną czynnością było utrwalenie kredek za pomocą lakieru do włosów, który według mnie najlepiej się do tego nadaje. Po spryskaniu lakierami bezbarwnymi kredki bardzo mocno zanikają, zaś przy stosowaniu lakieru do włosów efekt zanikania kredek jest dużo mniejszy. Na koniec wszystko spryskałem lakierem satynowym.

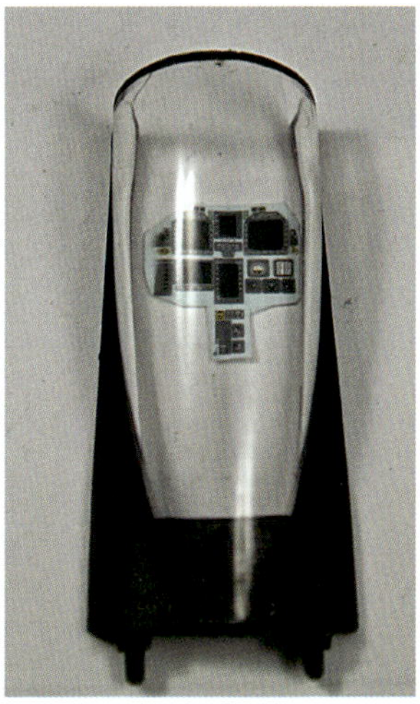

When the model dried, I've started working on the remaining elements. The canopy has a quite distinct seam running along the element, which I've decided to remove. For this purpose, I've used the Tamiya polishing pastes and abrasive sponges. Finally, I've polished the glazing with an abrasive cloth and polishing foil from the same company. After a few minutes of work, I've got quite a satisfactory result.

Gdy model sechł, zabrałem się za pozostałe elementy. Osłona kabiny pilota posiada dość wyraźny, biegnący wzdłuż elementu szef, który postanowiłem usunąć. W tym celu posłużyłem się pastami polerskimi firmy Tamiya oraz gąbkami ściernymi. Na koniec wypolerowałem oszklenie szmatką ścierną oraz folią do polerowania tej samej firmy. Po kilku minutach pracy otrzymałem dość zadawalający efekt.

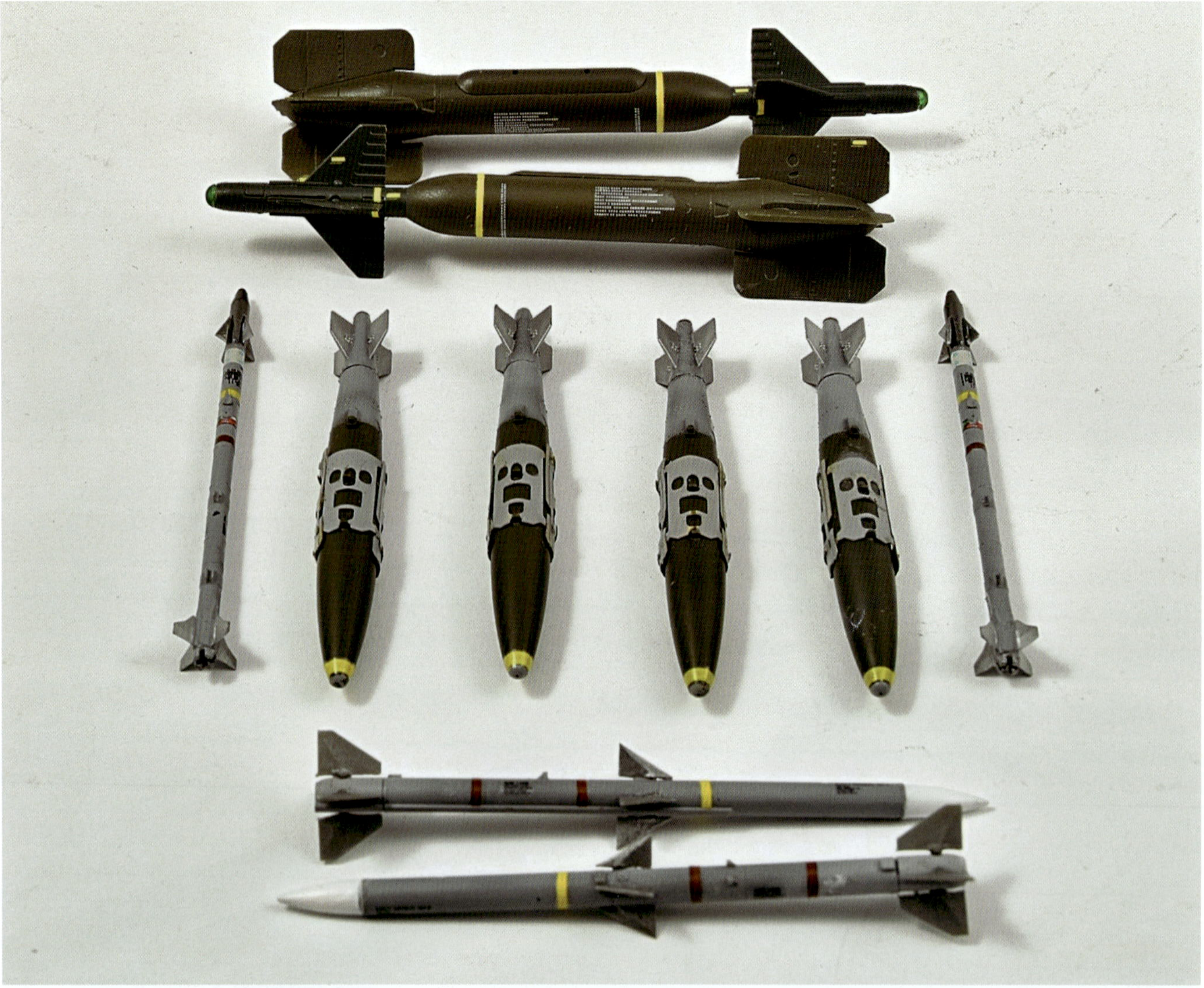

The next very important elements was the plane's armament, which I've made of the Eduard resin kits: AIM-120 *Amram*, AIM-9 *Sidewinder*, GBU-32, BRU-57 and GBU-24 from the Kinetic kit. The pylons required only cosmetic modifications, after which the suspensions fit perfectly.

Kolejnymi bardzo ważnymi elementami było uzbrojenie samolotu, które wykonałem z żywicznych zestawów Eduarda: AIM 120 *Amram*, AIM 9 *Sidewinder*, GBU-32, adapter do ich podwieszenia BRU-57 oraz GBU-24 z zestawu Kinetic. Pylony wymagały tylko kosmetycznych przeróbek, po których podwieszenia pasowały idealnie.

The model shows the F/A-18 E *Super Hornet* from the VFA-81 "Sunliners" Atlantic Fleet squadron, stationed in 2013 on the USS "Carl Vinson" aircraft carrier. The plane has a special painting to commemorate the fallen pilot Scott Speicker shot down during the Operation Desert Storm in January 1991 by the Iraqi MiG-25. For 18 years, the pilot was considered missing in action (neither his body nor the machine were ever found). It was not until 2009 that USMC soldiers found the body of an American pilot, which, after DNA analysis, turned out to be Speicker's remains. To honour the former pilot of the VFA-81 squadron, the POW/MIA emblem was placed on the plane on the inside of the vertical stabilizer (in 2013).

Model przedstawia F/A-18E *Super Hornet* z dywizjonu Floty Atlantyku VFA-81 „Sunliners" stacjonujący w roku 2013 na lotniskowcu USS „Carl Vinson". Samolot posiada okolicznościowe malowanie dla upamiętnienia poległego pilota Scotta Speickera zestrzelonego w czasie operacji Pustynna Burza w styczniu 1991 roku przez irackiego MiGa-25. Przez 18 lat pilot był uznawany za zaginionego w akcji (nigdy nie odnaleziono ani jego zwłok, ani maszyny). Dopiero w roku 2009 żołnierze USMC odnaleźli ciało amerykańskiego pilota, które po analizie DNA okazało się szczątkami Speickera. Dla uhonorowania byłego pilota dywizjonu VFA-81 w 2013 roku na samolocie po wewnętrznej stronie statecznika pionowego umieszczono emblemat POW/MIA.

CAPT JEFFREY WINTER
CAG
200
VFA-81

200
VFA-81
USS CARL VINSON
NAVY
166830

200
VFA-81
USS CARL VINSON
NAVY
166830

I would like to express my sincerest thanks to my wife and our children, both biological and those we care for as part of the Family Children's Home, for their great understanding and endless patience for the hobby I am developing. Thanks a lot!

Chciałbym wyrazić najszczersze podziękowania mojej żonie i naszym dzieciom, zarówno biologicznym, jak i tym, którymi opiekujemy się w ramach Rodzinnego Domu Dziecka, za olbrzymią wyrozumiałość oraz nieskończoną cierpliwość dla rozwijanego przeze mnie hobby. Wielkie dzięki!

CAPT MATT LEAHEY
DCAG
200

VFA-81
POW★MIA
YOU ARE NOT FORGOTTEN
200
NAV
200

200

200
CAPT MATT LEAHEY
DCAG
VFA-81

200
CAPT MATT LEAHEY
DCAG
VFA-81
200

200
VFA-81
200

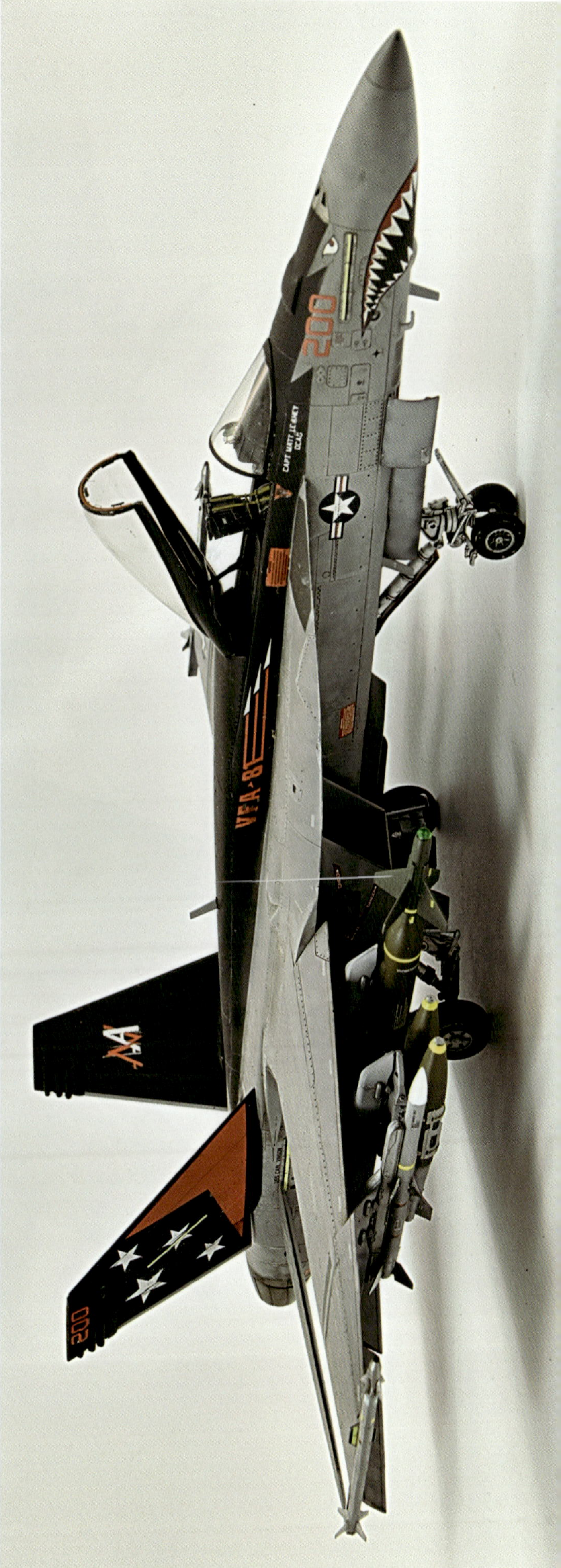
200
200

Boeing F/A-18F Super Hornet VFA-41 The Black Aces

Boeing F/A-18F Super Hornet z dywizjonu VFA-41 The Black Aces

Boeing F/A-18F Super Hornet VFA-22 Fighting Redcocks

Boeing F/A-18F Super Hornet z dywizjonu VFA-22 Fighting Redcocks

Painted by/ Malował:
Marcin Górecki

Boeing F/A-18F Super Hornet VFA-11 The Red Rippers

Boeing F/A-18F Super Hornet z dywizjonu VFA-11 The Red Rippers

Boeing F/A-18F Super Hornet VFA-103 Jolly Rogers

Boeing F/A-18F Super Hornet z dywizjonu VFA-103 Jolly Rogers

Painted by/ Malował:
Marcin Górecki

Boeing F/A-18E Super Hornet VFA-87 Golden Warriors

Boeing F/A-18E Super Hornet z dywizjonu VFA-87 Golden Warriors

Boeing F/A-18E Super Hornet VFA-192 World Famous Golden Dragons

Boeing F/A-18E Super Hornet z dywizjonu VFA-192 World Famous Golden Dragons

Painted by/ Malował:
Marcin Górecki

Boeing F/A-18E Super Hornet VFA-143 Pukin' Dogs

Boeing F/A-18E Super Hornet z dywizjonu VFA-143 Pukin' Dogs

Boeing F/A-18E Super Hornet VFA-151 Vigilantes

Boeing F/A-18E Super Hornet z dywizjonu VFA-151 Vigilantes

Painted by/ Malował:
Marcin Górecki